DE LUJURIAS Y MUSAS

2018. Derechos exclusivos De Lujurias y Musas
Portada: Cuadro de **Leo Rodríguez**
Ilustraciones interior: **Álvaro Suárez**
(excepto pag. 17 y 89)

Editado por
EL OJO DE LA CULTURA
www.elojodelacultura.com
elojodelacultura@gmail.com
London, UK

Antología de poemas

DE LUJURIAS Y MUSAS

EL OJO DE LA CULTURA

DE LUJURIAS Y MUSAS

Somos un grupo de guerreros escritores de habla hispana en Londres, que a diario esparcimos a los cuatro vientos con amor la palabra escrita, desafiando con creatividad, la frialdad y los días grises en este lugar que hoy llamamos home.

Amantes de la palabra escrita, subversivos en medio de la prisa natural de este país, nos encontramos para quitarle sonrisas a la vida, mientras creamos,

escribimos versos, poemas y cuentos con una pasión que nos devora.

Semanalmente le robamos tiempo al tiempo; como amantes, nos buscamos, nos citamos, nos llamamos, nos encontramos, y le damos rienda suelta a nuestra

pasión por las letras.

Como todos los amantes discutimos, contrariamos opinamos, animamos y nos re-unimos para construir un trabajo mutuo que nos hace felices. Cada semana, y en cada creación desnudamos el alma, sacamos alegrías y tristezas cantándole a la vida, dejamos constancia y volvemos a morir para renacer de nuevo en la lujuria de una musa.

La poesía es el encuentro del lector con el libro,
el descubrimiento del libro.
Jorge Luis Borges

FERVOR DE LA PALABRA

Una advertencia inicial a este prólogo es que el sustantivo **poeta** goza de la gracia de demandarle un artículo masculino a una desinencia femenina. La autora de estas cavilaciones hará por ende uso libre de tan feliz coincidencia genérica para referir a *"la poeta"* o *"el poeta"* artífices de esta valiosa, y valiente, antología.

Al pensar en qué es la poesía, y adherir al epígrafe, se personifica de inmediato el vínculo entre lector y obra, generando una intriga inevitable entre la impronta creadora de los versos y nuestra percepción como receptores. Y surge así, por qué no, el anhelo de capturar la vibración de su génesis.

Es así que se eleva la maniobra poética al grado de generadora de cosmogonías, creaciones que se hacen fractales de la infinidad, para condensar todo relato mítico sobre los orígenes del multiverso; hipóstasis de la eterna tensión del Ser entre su cosmos y su microcosmos, el arriba y abajo del hermético, unívocamente unidos en substancia y significación.

Poesía es también *parresía*, esa temeraria verdad de sí socrática, siempre peligrosa a la supervivencia de los justos; la pertinaz procura de la autenticidad radical que emana de las sombras de la caverna cuando rastreamos la epifanía. Haciéndose, entonces, lo más luminoso de la humanidad, en su triunfo sobre la recurrente ordalía de vivir, pues al cantar la adversidad, la exorciza.

Conjuradora de arquetipos, esas circunspectas emanaciones que nos circundan secretamente, la poesía no tolera la herejía. La potencia alquímica del lenguaje hace que cada sonido recupere el soplo primario, haciendo de la obra un atanor del verbo que se nutre de plagiar la música de las esferas. Poetas somos todos aquellos que nos animamos a robar impúdicamente la frecuencia sagrada de sus oscilaciones.

Cuando Borges dice "La literatura es un sueño dirigido" quizá nos alerte sobre el fluir de las mareas de significado que nos constituyen humanos. Poeta será entonces el náufrago consagrado a la isla de su microcosmos, donde tamizar el salitre del agua bendita que le desentraña el sentido. Donde el hostigamiento de la soledad se hace gloria, y, al decir de Kipling, ayuda a olvidar todos los infiernos. Porque sólo allí lograremos conjeturar la captura del Sahara en un puño. Donde cada grano de arena nos reflecte lo inasible de la inmensidad, cautivándonos al transitar la infinitud de un verso que, por frecuentación, haremos eterno. Partícipes y cocreadores entonces de las liturgias literarias que, Quevedo nos sugiere, "....en músicos callados contrapuntos al sueño de la vida hablan despiertos".

Ingresé a la relación con los versos de esta obra *a la Coleridge*, como quien deambula los senderos de un jardín salvaje donde flores seducidas de exuberancia nos proclaman sus esencias, sus cadencias del susurro de la primordial raíz, sus tornasoles tornadizos como el aire y el agua de incesante fluir que nos resucitan a cada instante. Donde el poema se engendra perenne para hacerse indestructible.

Pues, que es la poesía sino la cepa del deseo espiritual que nos transita la carne hasta hacerse viva. Hasta demandarnos el canto de la voz cautiva. O el cantarle al dolor oscuro, tenaz, del abandono. Para aprender a consolarse persiguiendo estrellas.

La poesía es, también y quizá nada menos que eso, la trémula hoja que implora por el amor que nace del asombro, de la entrega, del jugar con fuego. La desnudez del poema requiere de un ojo magnánimo. Decoroso en la generosidad de cobijarlo en la palma, de acunarlo, acaso, para no violentar su tenue hálito que nos alienta a descubrir nuestras bahías de silencio, donde soñarnos otros. O mejor aún, nosotros verdaderos.

Hay en esta obra versos que aciertan misteriosamente sin demasiada explicación. Sin vanidad ni ostentación, ofreciéndonos el delicado arte de mostrarnos mil paisajes sin recelo ni frontera. Intercambiando consuelo sin sombra de avaricia, como un Otelo de cordialidad de infante, anterior a la tempestad del sufrimiento. Hay otros de sigilo de orfebre, donde la comunión demanda la autointerrogación de un Hamlet con el corazón desahuciado de amor y reino.

En suma, todos ellos pequeñas capillas ardientes de ofrendas que en conjunto se hacen catedral. Donde podremos sentir himnos de desolación y ditirambos sin cesura. Construida de voces susurradas o reverberantes de sonidos espaciales, copiando a la portentosa maquinaria de la causalidad, para así crear un planeta nuevo.

Entonces cada poema se convierte en talismán porque los versos son mucho más de lo que significan. Los versos son su entonación, su acentuación, la sinergia del sortilegio entre aliento y sentido. Porque siempre que leemos poesía re-presentamos el clamor del Dante en un desierto paraíso anhelando a Virgilio. Recuperamos entonces el encanto, el pasaje dimensional de la existencia viva. Encantamiento que acaso sólo la poesía nos obsequie cuando cada estrofa, cada verso, solicitan ser leídos en voz alta, para de ese modo descubrir que la obra está plena de deleites.

Encontré en estas páginas la ternura humana en un mundo riguroso donde sólo la poesía reconoce como ningún otro género el pudor del silencio, detectando el intervalo deshonesto cuando interfieren la futilidad o la torpe codicia. En su efusión sincera, estos poemas nos acercan a múltiples anclajes donde descubrir la inmanencia, incitando al encuentro con nuestra más íntima naturaleza. *"The milk of human kindness"* que nos legara Shakespeare.

Acto de fe, pasión, entrega, me guiaron en la lectura de esta antología que vivencié como un viaje iniciático. Para que los versos no se me hicieran ineluctables, para que correspondieran con su amor a mi inocencia. Porque la poesía malquerida puede resultar tan lejana a nuestra humanidad como el rostro indescifrable de la divinidad, o amenazante como el Leviatán o Behemot.

En agradecimiento, la poesía bienamada ejerce, majestuosa, el prodigio de estar más allá de todo juicio. Al saberse dueña de palabras que ordenan el caos del origen con visiones alucinatorias, hechas carne de canto con la voz de visitaciones en el sueño.

Entregada por completo a la tentación de perderme en la frondosidad de la obra, comprendí que la palabra poética va más allá de todas mis vigilias, pues ya ha echado raíz en mis más subrepticios laberintos. Y que la reiteración de mis visitas nos ha hecho a ambas, infinitas.

Introducida ya al espacio de intensos tesoros escondidos, donde el enigma de la causalidad se llama azar, me fantaseé la Scheherezada de los cuentos inconclusos. Bendecida por tal metamorfosis, me adentré a una nueva dimensión de libertad, acaso secretamente renacida por los copiosos inciensos de Persia, para redescubrir que el mundo es un sistema de correspondencias.

Efluvios de poetas en su esencia
SOL BAEZ

Nos introduce en la obra a ritmo de cabalgadura, abriéndole las esclusas a un corcel palpitante que fuerza el paso intrépido, reminiscente de tornasol de arena bajo el esplendente sol de estío, para pasar a metamorfosearse en mar acariciado por la luna. Como su nombre, Sol no se priva de la temperatura del cuerpo animal que todos heredamos. Haciendo tal la pulsión de su vitalidad creativa, que pasa sin solución de continuidad de un panteísmo con dimensión angélica, al enigma del madero que le impide el paso a un prefigurado misterio existencial. Con una fuerte reminiscencia de alquería, casa cobijo de humanos de labranza, de caserío en el levante, donde se amalgaman la labor empeñosa con el amor al aroma del olivo noble, del jazmín compañero de noches y guitarra, su poesía nos transporta a la exótica región del deseado paraíso.

PATRICIA CARDONA.

Se deleita en introducirnos a la incógnita metafísica de la inmanencia, interrogando al Ser, uniéndolo al pagano fulgor de los sentidos que lo sacralizan en el encuentro amoroso. Los reclamos al amor conjurado como bálsamo y penitencia, bordean el surrealismo en dos amantes que hacen cuerpo de la música y alma de la piel. O se alzan, altivos, ante la rigurosidad lingüística que aprisiona al deseo en la convención de la estructura. Una oda a la libertad de amar, radiante alegoría de la libertad de crear, es la marea recurrente que baña de agua santa todas sus orillas. Quizá la poeta haya conjeturado su imago lírica como profecía, recreando en la armónica tensión del péndulo, una danza de la esquiva palabra inevitable con el poema amante. Acaso para recordarnos que el encuentro con su arte es mímesis de la perpetua trama entre Eros y Tánatos, vigilando ambos por detrás del velo apocalíptico para abrirse a la revelación e infiltrarse en su corpus poético.

CLAUDIA LOZANO GONZALEZ

Nos ofrece una invocación a la esperanza, a su vez porvenir y designio. Con los pasos de su lírica acompasada, que nos mece como a un barquito de papel deslizándose sobre el zafiro de un lago agitanado, flamenco, nos despierta la sospecha de númenes de dimensiones insondables. Aquellos que, de acompañarlos, nos enseñarían a tejer nuevos sones de pasión literaria. En un gesto de generosa inocencia su verso nos devela a la mujer que hace de su cuerpo enérgico un afán de renacimiento en letra viva. Frasea entonces con gracejo de siglo de oro, recomendaciones a su alma cautiva en la pluma que eleva, ambiciosa, a la categoría de águila redentora de las vicisitudes del decir para ser, para existir, para encontrarse. En el poema homenaje a Paula, hace consolación de su canto, al prefigurar un encuentro con el alma guía que la aguarda, una vez trascendido el confín de la materia para acceder al absoluto. Ignoramos si se trate de un gesto intencional, pero ese detalle de su obra nos remite al desasosiego hamletiano entre el ser y el parecer.

JORGE PAESANO

Artífice de un espacio renacentista propio bajo el cuidado de su Leonardo-Arquetipo, este poeta peregrino se arriesga a hacerse trovador avieso de irreverencias, evangelios laicos; a conjurar juglares fantasmáticos con quienes comerciar antifaces y mascaradas. Variopinta reunión de espectros de Diógenes e iluminados griegos, que le acercan la persona-máscara protectora de una nostalgia de eternidad transmutada en renacer en su poesía. Inundándolo de pasión desnuda ante la ausencia, la musa-mujer-continente se yergue, feral e inmaculada de fulgor, en América mito, deidad y verbo. Feliz alegoría del cuerpo astral de Gaya, que el poeta unge como santuario de su consuelo. Se vislumbra allí la intensidad de su anhelo, las iluminaciones del ermitaño que lo guía con la lámpara que sólo se enciende en la recóndita raíz del alma. Hay una añoranza por el amor cortés que acaricia en tenues pasteles de acuarela esta obra, posándose, casi inadvertida, en inflexiones de lamento. Un sugestivo contraste a la feérica pasión por la fuerza indócil de los elementos que aviva su imaginación voluptuosa.

SONIA QUINTERO

Encuentra su expresión en el fuego cordial, temerario, candente de duda metafísica. Un acto de arrojo que pincela su obra con matices de humanidad radical. La misma que nos acosa tanto cuando la vida nos ama como cuando nos desprecia. O, lo que es aún más trágico, nos condena con indiferencia gélida. Sonia desgrana su cofre de recónditas gemas para hacerla caja de música, refugio de sus horas, alivio del rigor de humanas tempestades. Sus rasgueos de guitarra templada en el fuego de los dioses evocan el gemido de la grave voz del tiempo inmóvil y del reverberar de las distancias entre desierto y desierto. Arriesgándose a la búsqueda entre tinieblas, acaso añorando el encuentro con lo más profundo de su desasosiego, esta poeta no le teme al desgarro de las voces. Involucrándonos así en un bizarro aquelarre de conjuros germinados en plegarias, con la potencia acústica del coro de fantasmas de arena que claman en nuestra interioridad.

AMINAH ZAMORA PERALTA.

Una presencia de verdor sideral cobija su escritura, como un rocío temprano sobre la calentura salvaje de la selva exuberante de inmensurable vida, su obra se hace deseo en plenitud. Sabores, olores, el sacro cotidiano del pan recién horneado con manos laboriosas que nos acogen abiertas como su poesía, con el anhelo de alcanzarnos, ennoblecidas en su vocación de dar. Esas manos, las suyas, que sostienen la pluma para desplegarle suavemente sus alas de ángel. Iluminadas de un destello de inocencia que transforma su espontánea picaresca en canto jubiloso. Para luego asombrarnos con ancestrales reminiscencias de vasallaje que la asaltan en la lucidez del sueño. Su letra poética, maga benéfica que exorciza espantos, desborde de vida sin cavilaciones, que aún ante el terror de la cifrada injustica, se yergue bravía, fecunda como una deidad de los cultivos de invencible sangre de los justos. Convertida en épica del triunfo de lo humano, su voz se hace compañera de las almas reunidas en celebración.

PALMACERA SUAREZZ

Curioso como su nombre de pluma, el poeta nos instiga a la interrogación de la memoria como eternidad escogida, errando junto a su lenguaje trashumante en un jardín de las delicias personal, que él mismo ha diseñado con voces fugitivas. La coloratura carmín de inocente asombro se amalgama con un alborotado azul que arcanos duendes de cobalto rezuman al explorar la esquivez del verbo, ese demiurgo montaraz que sólo se entrega al elegido. Una esencia de panteísmo de las partículas, una esplendente irradiación de la sustancia esmalta su **tableau vivant** con el velo de espuma de una doncella desdeñada. En su obra, el amor, de presencia ausente, reclama la interpelación. Ante el desencanto de las horas, arena desgranada en los recuerdos, tejidos en imagos surrealistas, el poeta convierte al bosque de El Bosco en cosmogonía. El cierre augura, sin embargo, el clamor esperanzado de la esencia humana como sortilegio. Ávido del sentido último, el versátil talento de este poeta acompaña la presente antología con diseños propios, a guisa de custodios de las musas que este conjunto de corazones líricos invocan en el texto del comienzo. Un evidente patronazgo de Miró desde el parnaso de los grandes bendice con su palimpsesto estos versos que, al haber sido soñados por muchos, devienen en sueños de todos.

Acaso no sea ocioso conjeturar que cada obra de esta antología sea la incitante irradiación de númenes nómadas que frecuentan a estos escribas en la abstracta dimensión del genio.

En el final, visitado el oasis con todos sus misterios, sólo me resta la gratitud por tan íntima belleza. Pues acceder a la poesía es un ritual de purificación.

VIVIANA LOMBARDI
Co-Directora de *Azahar Literario*

Siempre me gustaron los enigmas, adivinanzas y acertijos. Algunos de mis poemas te parecerán así. Te invito a descifrarlos.

Akhal-Teke

Enséñame a ser errante y salvaje como tú.
A nunca cambiar de piel como tú.
A cabalgar el mundo como tú.
A seguir solo a las estrellas como tú.
A dormir en la arena de la playa como tú.
A entregarme a lo desconocido como tú.
A recorrer cada ruta solo una vez como tú.
A confiar en la noche oscura como tú.
A extasiarme de la vida como tú.
A alimentarme de la maleza como tú.
A no llevar bozal como tú.
A vivir toda una eternidad en una noche como tú.
A combinar la bestialidad con la dulzura como tú.
A que los corrales y portillos se vuelvan invisibles a
                                    (mi paso, como tú.
A dejarlo todo atrás como tú.
Déjame galopar sobre tus pasos y aunque sea
                              (solo por esta noche ser tú.

El cabrito

El corazón se me quiere salir,
mi pecho quiere explotar.
Corazón deja de brincar.
Pareces un cabrito que empieza a explorar.

Recuerda ya no eres joven y no debes saltar.
Te puede hacer daño esa piedra al tropezar.
Al cabrito no le importa, solo quiere brincar.
No mides tus acciones, solo quieres jugar.

Pasar por encima del mundo ni siquiera
                              (te importa más.
Tienes tanta energía para brincar.
Las emociones, dormidas y cansadas estaban
y tú brincando cabrito las vas a despertar.
¡Están despiertas!, de dormir se olvidaron ya.
Están jugando contigo cabrito y nada las puede parar.

Vamos al parque, que allá puedes jugar.
Quemar tanta energía, ¡por favor hazlo ya!
¡Oh no!, ¿qué haces en ese trampolín cabrito?,
¿brincar más alto?, ¿todavía más?
Claro el rebote será alto y la caída monumental.
Pero estar rebotando y no parar,
eso es lo que quieres cabrito cuando viejo te creías ya.

Yo sé que jugar es lo que quieres y nada más.
Pero cabrito recuerda que el que juega con fuego
                    (se puede quemar.
Sentir la energía del trampolín que te impulsa más.
¿A qué viniste al parque? ¿Si no a piruetear?

Y ahora en el columpio te toca esperar,
ya sabes es mejor acompañado,
                    (para poderse balancear.
Y ahora en el árbol, ¿no ves lo alto que está?,
treparte en el árbol, ¿cómo vas a trepar?

Te alimentas de la mano del deseo cabrito.
¿Y tu pastor? va a preocuparse y a enfadarse más.
El cabrito lo piensa y espera no fallar.
Sigue rebotando que tu alegría es brincar.
No brinques tanto que terminarás,
con una buena sazón
y en la mesa del destino alguien te cenará.

Escamas

Dragón rodeándome con sus escamas
                    (y sus aguas saladas.
Escamas verdes como el color de sus ojos.
Ojos que se confunden con el color de las aguas.

Escamas esbeltas, perfectas, sagradas.
Escamas que son laberintos
que envuelven en cada noche nublada
la misma niebla que creas con tus palabras.

Solo veo escamas y montañas
que me hacen prisionero en un barco sin destino.
Me llevaste a una laguna
y me atrapaste en tu naturaleza mojada.
Dijiste que en esta laguna
                    (tus escamas me defenderían
y protegerían de los barcos fantasmas.

Mi barco parecía el único con vida,
                    (en medio de tanta agua.
Pero era la niebla la que ocultaba los otros barcos
atrapados en tus aguas convulsionadas.

No era protección lo que me dabas,
ni eran fantasmas los otros barcos
que al igual que mi barco navegaban tus aguas.
También sus banderas habían conquistado tus playas.

La puerta

Viajando hacia el oeste
llegué a un pueblo donde la madera era soberana.

Buscaba una puerta pequeña,
de color cobrizo y ventanas rasgadas.

En cambio encontré otra puerta,
de hierro, alta y gastada.

Se abría hacia mí de par en par,
a entrar me invitaba.

Yo la ignoré y seguí buscando
la puerta con ventanitas rasgadas.

Nunca sabré que había del otro lado, nunca crucé
la puerta alta que la bienvenida me daba.

Mariposas doradas

Me desperté rodeado de mariposas bailando
y celebrando la primavera que era temprana.
Mariposas de muchos colores,
verdes, azules, rojas y abstractas.

Y en medio de tantos colores,
dos mariposas doradas y paganas.

La más brillante atraía a todas las demás
con su esplendor que aplastaba.
Las hipnotizaba una a una,
hasta hacerlas perder en sus alas
y vencía a pulso a las envalentonadas.

La otra mariposa dorada solo observaba
y yo la observaba a ella.
Mis ojos saltaban, complacidos,
al abismo de su quietud reservada.

Perfecto

Después de tanto deseo,
el rojo del muro de un lado, el río del otro.
El muro nos sonrió con sus blancos ojos y nos besó.
Dos pájaros humanos aterrizaron
para atestiguar este encuentro.
Por fin nuestras manos se unieron y se acariciaron.
Nos subimos al tren y nos abrazamos.
Los de afuera no lo vieron
porque eran nuestras sombras enamoradas jugando.

Todo fue perfecto.
Las luces rojas y azules del juego del intento.
Los aviones descendiendo y desapareciendo
                            (a dos metros.
Nuestras manos fundiéndose
                    (al ardor del impulso insatisfecho.
Todo fue perfecto,
aunque fuera tu sombra la presente
y tu mente tan lejos
como el tren cancelado del viaje
                        (que aún no emprendemos.

Puerto

Por fin regreso a mi puerto y a mi libertad luchada.
Un carguero extranjero me arrastró en la mañana,
meses navegando por los mares rojos de tus labios
y tu garganta gastada.

Ahora déjame en este muelle para siempre.
Estaré anclado a mi puerto y partiré
                                    (de vez en cuando,
sólo cuando lo cante mi alma.

Una luz quisiera en cada puerto.
Ver estrellas diferentes en cada cielo.
Tantas estrellas por contemplar
y muchos ojos donde anclar.

Me iré arrebatado por los vientos,
cualquier viento.
Vientos del norte, del sur y la montaña.
Vientos a tiempo y vientos a destiempo,
vientos míos, vientos eternos.

Recuerdos

Empezaba a llover y tomé un paraguas.
Solo eran pensamientos,
pequeñas gotas que tocaban mi piel.
Y cada gota traía otra, un pensamiento tras otro.

Cada recuerdo iba entrando por mi piel
                    (un poquito más, un poco más.
Luego esas gotas fueron creciendo
y cada contacto me producía escalofrío.

Ya no eran solo gotas,
era una lluvia inmensa de sensaciones
                (que entraban a mi cuerpo como truenos.
Y cada trueno, era un recuerdo tuyo
que caía directo a mi pecho.

Ya no solo era mi piel, era todo mi ser.
Tengo náuseas y mi corazón se mueve
                        (de un sitio a otro.
Ya no soy yo, este recuerdo me domina.

Mi cuerpo entero empezaba a recordar.
Nunca se olvidó de nada,
solo lo había guardado bien profundo,
en cada célula se filtraba.

Ya mi piel no aguantó y se derritió
                    (al fuego de los truenos.
Se inundó mi pecho y el corazón apenas flotaba.
¡No me quiero ahogar, no sé nadar!
Las emociones que creía olvidadas
                    (me van hundiendo más y más.
¡Apenas puedo respirar!
Cada sitio y lugar que me trae tu recuerdo,
me sumerge más.

¡No me quiero ahogar!
Ya olvidé respirar bajo el agua,
creo que nunca aprendí,
solo alguien más me rescataba.

El agua ya me cubre toda y me dejo ir,
las fuerzas se me agotan y me sumerjo.
¡Llévame corriente, ahógame agua!,
déjame ahí y no me rescates.

Déjame hundirme en mis recuerdos,
déjame hundirme en el mar.

Salvavidas

Te salvé la vida me dijiste,
te rescaté de tus pesadillas
y de las sombras que te perseguían.

Te lancé un salvavidas y lo agarraste.
Te sacó a flote,
hasta la orilla arrastró tu pecho.

No te aprisiones en él
que su cómplice es el viento,
en la playa no es de ayuda,
se siente náufrago en la arena
y solo extraña el océano inmenso.

Soledad

Aquí está ella,
el frío de la soledad golpea a mi puerta.
La puerta está bien cerrada
pero la ventana tiene grietas.
Welcome, welcome to my body again.
You are always more than welcome.

Ven, quédate esta noche, este día,
quédate conmigo que yo te escucharé.
¡Quédate!, invita al pánico y al miedo,
esta mesa es de cuatro puestos.

Cuéntame de ti soledad,
de tu angustia eterna,
de la misma angustia que me transmites
                        (y que vive conmigo,
que dormía mientras mis dedos
                        (estaban encadenados,
pero ahora se despierta con más fuerza que nunca.

Mira soledad cómo mi respiración se corta por ti.
Ningún amante quitará tu lugar de mi lado.

Este lado siempre ha sido tuyo.

No quiero apagar tu fuego que me consume,
sigue fuego quemándome, consúmeme con tu llama.
¡Eso!, ¡eso!, aférrate y desahógate en mis brazos.

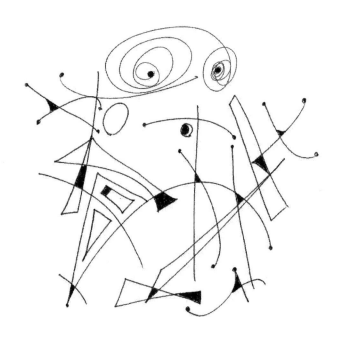

PATRICIA CARDONA

*Soy esa niña de arena que el viento borra y obstinada se
reconstruye.*

Lo que pasa con el alma es que no se ve
Lo que pasa con la mente es que no se ve
Lo que pasa con el espíritu es que no se ve
¿De dónde viene esa conspiración de invisibilidades?

Alejandra Pizarnik

Brevedades

Me dejas cansado y suspendido en tu piel
en mi regreso recordándote
                         soñándote
desenvuelvo remolinos cambiantes
                              ascendiendo
viajando al ritmo de la música en luna de miel/

fluyen los sonidos
tú y yo sobre las negras y blancas danzantes
desfilamos en esta multicolor fiesta del tiempo
las notas llenan mi mente el instante
mis prisas marchan desaforadas
                              renacen
a ritmo de jazz jugueteamos
juntos sobre las blancas
                         perdidos en delirios

las negras nos prometen implícito
                              éxtasis

miramos esquivos los campos negros
                              evitándolos

En veloz crescendo los instrumentos se elevan
lo feliz y mundano del s@xo

lo pagano de las intocables negras

Desnudos cabalgamos en corcheas y semicorcheas
en blancas y negras ahora ya
ahora sí en saxos y bajos
caemos inevitables en ellas desaforados
uno a uno en remolino viajamos en ellos
                interminables/inexpresables

conjugados de amor y jazz y saxo

vendrá otra canción/volveré a caer
                consumido por el deseo
ese que aún después del amor
me deja tu amor

palabras delgadas

pensándote mis palabras se adelgazan
líquidas humedecen la tierra
                        desaparecen/
sintiéndote voy tiñendo de amor los retazos
pedazos de amor regados en el final de un arcoíris/

regreso a ti
a tu recuerdo jubiloso
con mis fantasmas en el crepúsculo marchito

te reconozco mujer mía
escondida en mi soledad

eres mi libertad y mis cadenas
tu ausencia y mi regreso
eres mi deseo
y mi pecado/

eres la pregunta de mis labios
y la respuesta de mi cuerpo
con tu adiós despides mis besos
te vas
        volviéndote de azúcar/

poemando

me inspiro
me pienso
me escribo
me leo
me releo
me disgusto
me cambio
me empiezo
me rediseño
me borro
verseo
palabreo
discurro
razono
reescribo
me leo y vuelvo
me gusto y pienso
me quedo
lo acepto
lo publico

así mismo

quiero ser como los marineros de Neruda
que no los una nada
que nada los amarre
liviano y sin pretensiones
liviano y sin posesiones/

compartir retazos y retozos de vida
tomar prestados besos y versos
jurar amores
       empeñar la luna y las estrellas
en el fulgor caliente de un momento
          amar o decir que amo
            y mañana
tal vez mañana volver a empezar
sentir y vivir y amar desatando cadenas
deshacer y desandar y liberar invisibles nudos
          amarse en fin
y al final
solo al final de pronto preguntar tu nombre/

por curiosidad
     solo por eso/

adiós sombreado

Llamarte mi amor y mi todo quisiera
hacerte mi vida sería
vivir tu amor y mi amor solo quiero

déjame soñar
mientras viajo en tu cuerpo
mientras beso tus senos
mientras sueño volando
mientras te tengo conmigo

eres mujer las vidas que me pueblan
                que habitan mis soledades
pero tú me dejas
                        amada
solo ausencias y adioses   me quedan

con ellos   me quedo/sin ti me dejas
        mi almohada se llena de tu ausencia y tu adiós

a tu regreso los despides y los desdeñas
                            me ocupas
                        y nos invades/
mientras teniéndote sé
que solo es hoy
        /que te quedas conmigo/

versando vengo

ignoro las comas porque restringen
                     (y pausan y esperan
evito los puntos por su desfachatez
                 (para cerrar y desaparecer
me gusta el baile de las tildes
cambiando y permitiendo mi libre albedrío
                     las reverencio y admito
con su pequeña línea que cambia el sentido
mayúsculas y minúsculas presurosas
               (en mi auxilio vuelan
                     las ignoro/
farseo la música inventando una rima
aunque no sea en el primero
               (aunque no sea en el segundo
en donde ella decida anidar

los versos antiguos añoro
de los alejandrinos aprendo
archivo los longevos endecasílabos
los versos sónicos y no sónicos no quiero
lo prosaico y arcaico lo archivo
amo lo sinónimo y lo antónimo
amo lo que se parece y lo que diferencia/

le quitó el semáforo a la metáfora

                    /dejándola en libertad condicional
me enredo con la generación del 27
apuesto a los surrealistas
                    temo a los oscurantistas
persisto en el romanticismo
                            (e ignoro el decadentismo

defiendo la autonomía de las palabras
                    la libertad que ellas me dan
la libertad con que las suelto
nadie podrá acusarme de repetirlas
                    copiarlas/reusarlas

                    porque ellas sin dueño van
por su libre albedrío
mientras bailan al ritmo que yo les dé
                    /que les des tú/

rayo de luna

he ido perdiendo mi orilla de realidad
la realidad de mi desencuentro conmigo y con la otra
                                        ya no sé
en este devenir me sorprendo
                    o a la otra
                        lejana y ausente
                            en declive
                                en despedida
en esta línea vectorial
                    del horizonte
mirándome sin reconocerme
me veo borrosa y   llena de mi no habituabilidad
qué piensa la que sonríe en el espejo
de qué habla cuando habla
en la orilla de las utopías caminando estoy
                                    legando
adiós a mi absurda y desgastada realidad

se va la verdad a medias
y la verdad manoseada
tan solo necesarias en otros ayeres
y la yo de aquí
        de qué está hecha
            sino de palabras

vacía ya la bolsa de la vida
la bolsa de las historias ajenas
se ha ido desperdigando en pequeñas historias
                    florecidas de pronto
quién es ésa sino el reflejo   de lo que ha
leído/visto/soñado/amado
                    vacía voy de ajeneces
                              de prestados

repliego me obstinada y segura
colándome férrea en la nueva vida
                    como los rayos de luna
esos que al amanecer
                    se filtran o flirtean
                         con los pliegues de mi cortina
obstinados como ella
 a través de ellos mismos

en ésta orilla que voy soltando
voy diluyéndome lenta y segura hacia mí misma
                         hacia mí / ya no sé

quizá sea normal para ustedes

quizá no lo sepas
      pero mientras la luna alumbra tímidamente
hay un chico esperando
a la salida del metro en Bank
quizá no se han fijado
en sus flores en la mano
         en su elegante traje gris
quizá no lo han visto
revisar el reloj a minuto contado y disimulado
quizá no se note cuando mira el teléfono
pensando
      no vendrá/

tal vez no han visto a la chica pero ahí está
          en la librería
cerca de la estación de Bank
fue ayer o fue hoy ya no lo sé
disimulada también mira un libro
tal vez no lo saben pero también ella
            (contempla la luna
ella también los minutos revisa
          disimulada/claro
tal vez o
quizás
ambos piensan que el otro no vendrá

pero vienen
                pero se encuentran/

no sé si ustedes ya lo saben
                pero su deseo ya no será
que los minutos y segundos se vayan
que la luna se aleje
que el sol aparezca
ya no quieren que la noche acabe

No sé si les ha pasado
ser el chico de la estación
                        y al final
amar a la chica de la librería en Bank/

lo suave de la edad

será la edad, la mía o la de él
la mía o la que se insinúa siniestra
que su cuerpo o el mío nada dicen
que la vida se va inexorable
                                        qué se yo
que su deseo en soledades se detiene
                                              o será el mío
que solo sabemos de ausencias y pequeñeces/

pienso / me dices afligido
                  pienso en la primavera de mi vida
cuando todo llegaba sin llamarlo
esos días del amor encabritado
de los días briosos y corceles sueltos/

y mi silencio cargado de mil entiendos
y los mil recuerdos de su silencio
mientras yo quiero decirle
                                  antes que se acabe el vino
o antes que se acabe la noche
antes de olvidarlo para siempre/

que de niños solo las historias eran alimento
que la esperanza se desmigajaba triste
que una palabra la revivía

que las palabras alimentan el oído
y que por allí entran los sueños y los deseos
antes de acabar el vino
                    comencemos otra vez

comencemos amigo otra historia
sólo una vez más

el lado mío de tu mano

esa mano tuya que recoge mi medio lado
                              o casi toda
protegiendo me
prometiendo me
queriendo me
llenando me

mostrando me aún futuros
aún y a pesar del tiempo
dejando me parte de ti y de tu fuerza
que te entregas en cada entrega
manos tuyas
            conmigo buscando caminos

esa mano que me arrulla
                    acalorando me
                    meciendo me/
no la quites
        no la alejes
cubre me con ella
        deja la conmigo
sin ella tal vez no podría
tal vez no querría seguir este camino
tal vez solo
        no lo sé

CLAUDIA LOZANO GONZALEZ

Vivo con la constante ilusión de que la lucha diaria contra mis fantasmas, el teje, desteje y volver a tejer de mi paso por la vida, harán poco a poco más maduro al ser humano que espero llegaré a ser algún día.

Volar

Quiero ser águila, o gaviota,
quiero ser el monte o el mar,
quiero ser de la música una nota
y de los colores, un simple tono vulgar.

Quiero ser creativa, diferente,
quiero cantar, dibujar, tocar guitarra,
quiero poder confundirme entre la gente,
quiero ser la cuerda que tu cuerpo amarra.

Quiero ser amiga, madre, amante.
Quiero, sin barreras, el mundo conocer,
quiero saber que voy siempre hacia adelante,
que tengo el don bendito de crecer.

Quiero disolver esas cadenas,
Esa insana y neurótica lealtad,
quiero, con mi mente clara y totalmente serena,
algún día, poder vivir en plena libertad.

Que tus poemas sean buenos

Dedicado a mi ego impúber

Que tus poemas sean buenos
es lo único que pido,
para yo sentir orgullo
del espacio compartido.

Espero que como yo,
tengas grandes recursos literarios,
buenas metáforas, parábolas o analogías.
Ojalá puedas sacar algo valioso de tu armario.

Que tus poemas nunca estén llenos,
de clichés o de repeticiones,
que sean más que un estúpido fraseo,
o solo ideas vacuas en renglones.

Que tus poemas sean buenos,
buenos villanelles, sextinas o sonetos
con la musicalidad que elijas darle,
entre pareados, baladas, tercetos o cuartetos.

Nunca olvides respetar siempre las reglas
y también los cánones establecidos
para que tus poemas siempre sean buenos,
y agraden el espíritu al ser leídos.

Que tus poemas sean interesantes
sin aspirar para el lector ser un desafío,
ojalá que tus poemas sean muy buenos,
pero que nunca sean tan buenos como los míos.

Paula

Sé que nunca más podré charlar contigo
cuando te llegue la hora de dejarme
y que no tendré tu paz, tu amor, tu abrigo
ni en tus ojos claros podré ya reflejarme.

Aún así estarás en mí, viva, latente,
siendo parte del nacer de cada día
viva aquí en mi corazón, aquí en mi mente
y en las cosas que me llenen de alegría.

Y serás parte del sol, de cada ser humano,
de la forma y el aroma de las flores
de la vida que surge del océano
y del atardecer con todos sus colores.

Estarás en el hoy y en el mañana
en la sonrisa espontánea del infante,
en las estrellas brillantes, lejanas,
en el beso amoroso de un amante.

Volverás a tu origen, como yo lo haré algún día
feliz de lo mucho que has logrado
con la satisfacción de haber sido tú, tu propio guía
y de tanto amor haber sembrado.

Me consolaré, pues sé que el tiempo al dolor mitiga,
consciente de que la vida es un instante
y sabiendo que estaré cerca de ti, querida amiga
en un tiempo quizá no muy distante.

Infidelidad

Hoy, después de retozar alegremente contigo
hasta el cansancio y el delirante hastío,
mis ojos se niegan a permanecer abiertos.
Tu figura desnuda a mi lado se hace ligera y difusa,
casi etérea.

Aún así, el verde bondadoso de tus ojos
llena mis últimos momentos de consciencia
con un amor pleno y sincero
mientras yo, sin temor alguno de despertar tus celos,
me entrego sin una pizca de resistencia
a los brazos de Morfeo.

Pirotecnia

No me avergüenza confesar
que nada amo tanto en esta vida,
como unir mi cuerpo al tuyo, cabalgar contigo,
empezando despacio, libre,
llenando mis sentidos.

Luego me doy a la tarea de
concentrar toda mi energía
en una carrera loca y desmedida
hacia la plenitud de la bóveda del cielo,
donde invariablemente
termino recreándome
en la multicolor pirotecnia del placer
para a continuación, emprender el viaje de regreso
feliz, suave, ligera,
hasta volver a poner mis pies
en la bendita tierra
sintiéndome llena de amor hacia ti, hacia mí,
hacia la vida.

Amante de unos días

Por unos breves días fui tu amante
y me entregué completa a ti sin miramientos
tú me dejaste las huellas de tu amor marcadas
en cada centímetro cuadrado de mi cuerpo.

Después, llena de tu energía y de tu magia
volví a los brazos de mi compañero,
quien al verme de inmediato supo
que le fui infiel contigo por algún tiempo.

Y él, de corazón, me ha perdonado
y sin embargo yo, sin culpa alguna
sigo soñando con volverte a ver, en el reencuentro
ahí, sobre la arena, donde tú, mi amante furtivo,
volverás a broncear todo mi cuerpo.

Todo es confuso

Cuando en mi vida se confunden
la luna con el sol,
la noche con el día,
mis pies con mis manos.

Cuando no puedo distinguir
lo blanco del negro,
la alegría del dolor,
el abajo del arriba,
y el juicio de la locura.

Cuando me siento sola y perdida
en la inmensidad del océano
y no hay brújula que cure
la incertidumbre que me desgarra.

Lo único seguro que sé en esos momentos
es que pronto veré la luz de tu faro
que volverá a guiarme
al amoroso abrigo de tu puerto.

Tú y yo en mi vasto universo

Quiero llevarte al lugar
donde pueda amarte con toda libertad,
donde no imperen las leyes, las normas,
                                    (ni las religiones.
Llevarte al vasto universo de la imaginación
                                    (y la fantasía.

Es ahí, donde acariciaré suave, lentamente,
tu rostro amado, tu delgado cuello
con las yemas palpitantes de mis dedos.
Donde podré perderme en la absoluta calidez
                                    (de tu mirada,
Y decirte al oído lo que por meses he callado.

Y sin prisa alguna recorrer con mis labios
la tibia topografía de tu cuerpo,
y aspirar el seductor aroma que emane de tus poros.
Y danzar contigo, hasta quedarnos sin aliento.

Quiero que vengas tú conmigo, a ser tú, a ser yo,
a ser uno, a detener el tiempo
para calmar mi sed, para saber quién soy.
¡Cuánto anhelo que llegue ese momento!

Purgatorio

Penetraste a mi ser con tu mirada
en un pequeñísimo momento,
y me has dejado una gran sed,
sed de tus labios, sed de tu cuerpo.

No se si podré amarte libremente
como en mi imaginación te amo cada día,
o si el deber moral extinguirá esta llama,
en este juego de locos que parece eterno.

Y mientras, habito en el purgatorio
de tu amistad y de tu gracia,
en vez de libremente amarte sin respetar barreras
y estoy aquí, con toda mi nobleza,
viviendo en el presente hambrienta
del pan de tu mente y de tu cuerpo.

Dama

Quiero acariciar, tocar tu cuerpo,
grabarlo palmo a palmo aquí en mi mente.
Quiero aprender muy bien y de memoria
Lo que tu voz me diga sabiamente.

Quiero recorrer tu cuerpo con mis dedos
y rasguear despacio, suave, tiernamente,
quiero escuchar tu voz, tu grito ahogado
que conozcas el amor, lo experimentes.

Quiero que me acompañes en todos mis momentos
que armonices mi vida a cada instante,
que me ayudes a expresar mis pensamientos
y aunque no lo sean, tú los hagas ver brillantes.

Quiero dominarte con toda mi ternura,
amarte, poseerte, disfrutar al desnudarte,
que seamos una en loca cordura,
y que sea mi amor por ti nuestro estandarte.

Quiero, guitarra mía, que comprendas
que te haré el amor hasta agotarte,
pero sé que con gusto a mí te entregas
porque yo quiero vivir para tocarte.

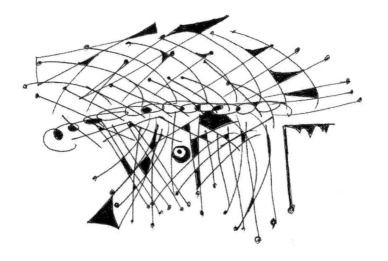

JORGE PAESANO

El nacer en un sitio me parece un accidente. Soy habitante de esta casa flotante en el espacio y eso me basta. Los nacionalismos cierran las mentes y los espíritus.

No me considero poeta, pero me estoy disciplinando para serlo bajo las actividades del grupo literario "De Lujurias y Musas" al cual pertenezco desde hace aproximadamente cinco años.

He deambulado por los caminos del Arte: la Escritura, El Arte dramático, la Escultura y la Declamación de poemas de autores universales, sin que la disciplina me someta a serlo del todo. Pero sin que el bicho que dulcemente se metió en mi sangre desde niño deje que los abandone.

Nací y continuaré siéndolo por siempre; guardando el mayor amor y respeto por el público que me ha dado su compañía en cada uno de mis actos.

Soledades

Adivinanza

Tienes risa de manantial sonoro,
Brillo chispeante en tus ojos de soles
                                    (casi recién nacidos.
Gracia de juglar el canto,
Poema viviente que me inspira,
Inteligencia esencial que me reanima;
No eres linda, ni mentiras debo,
Eres fortuna sin ser tesoro,
Paño de lágrimas cuando lloro;
¡No eres linda, pero me gustas!

América mujer

Qué poco me siento;
Cuando aún no consigo abrazar
                      (las aguas de mi Lucania,
Ni la fiera corona ramificada de sus Apeninos;
Y menos aún la hirsuta e indómita de los Andes,
Donde el viento bravío iza las alas de los cóndores,
Que se baten desafiantes contra las penas
                      (de tu Machu Pichu,
La gélida cintura de Chile,
Abrazarme a tu tórrido Mato Groso
Donde se confunde mi lengua,
Los senos frígidos de mi Latina tierra
Que arde de rabia,
Cuando le quitan el disfraz carnavalesco de
             (sus incontables fiestas de falsa democracia.
Te poseo América;
Cuando me tomo tu cuerpo desde Bering
    (hasta la punta de tu diminuto pie de danzarina
                      (de tierra de fuego.
Cómo te acaricio con mi mente confundida
                      (de fronteras y banderas;
Pero también envío mis besos al aire,
Para que una lluvia de ellos caiga
        (donde el dolor de tus heridas te fueron abiertas.
Que vengan de todos tus rincones tus hijos

                    (a poseerte sin permisos ni pasaportes,
No serán nacidos de ninguna de tus vaginas;
Solo nacerán de ti.
Cualquier sitio es una equivocación de la ilusión.
Sus deseos y los míos estarán tocando tus playas,
        (tus valles, tus horizontes de amaneceres
                    (y atardeceres, tus montañas.
Déjame que recorra tus caminos promiscuos,
Y cuantas veces nazca; tus carnes de tierra,
                    (agua y piedra amaré.

Caballitos del diablo

De un soplo de vapor,
Sobre los lagos y los pantanos dormidos,
Con un murmullo amordazado en el recién amanecer,
Nacieron y levantaron su aperezado vuelo,
Los caballitos del diablo;
Que se les escaparon a sus jinetes
                              (poco antes de nacer.

Copias de Ícaros triunfantes
Que el sol no pudo derretirles la cera.
Centauros indómitos, Pegasos inciertos,
Seres de tan difícil y frágil vuelo,
Desafiáis con vuestro menudo cuerpo,
Los abismos y las criaturas.
Multitudinarios colores
Que robaron a la luz y a las flores,
Cabalgan con ellos en el éter invisible y sus llanuras.

No sé si son de carne y hueso,
Plástico o de material cualquiera,
Flotan en el aire cual juguetes
Suspendidos de cascadas de hilos
Que brotan de una cruz de marioneta;
Se asemejan a un sub realista sueño
O quizás a la más cierta quimera.

Vinieron gozosos,
Subieron y bajaron como si jugaran
                    (montados en un carrusel.
Mas el ojo es torpe y arrebatado y trajo tentación.
Corriendo tras ellos
Con flotantes mallas bamboleantes,
Los jóvenes, las damas, los científicos
                        (y sus estudiantes
Para detentarlos como su nueva posesión.
Entraron agolpados en tropel
Saltando por los jardines
Y llenos de ellos también pequeña quedó la huerta,
Entonces vino el caos vestido
                    (desde todos los confines
Y una vez adentro,
La muerte les cerró la puerta.
En grandes salones de museos,
Hoy residen entre vítreos cajones
O en medio de ociosos campos de páginas
                        (de libros viejos,

Afileteados, olvidados y yertos;
Los guardas muy erguidos y tiesos
Hacen estatuario honor,
A sus efímeras bellezas
Y a sus eternos cuerpos muertos.

Catarsis

Estoy pétreo,
Tendido sobre un lecho,
Donde mis ojos se nublan fusilando
                              (el cielo de mi cuarto,
Que amenaza con desplomar los sueños
                    (de mis ascendidos pensamientos.
Desnudo de claridad,
Cuando a otros de consejos he vestido.
Pienso en la charca de mi profundidad,
La veo; y cuando a ella me asomo
El espejo de mi alma se ha desvanecido.
Quién sabe adónde se fue,
Quién sabe dónde se habrá escondido;
Ahí refulgen embriagados todos mis sentidos.
En el horizonte lejano el alba ha amanecido.
Lloro, canto, río, me quedo dormido,
Despierto confuso, abro mis ojos;
Y veo que el bosque negro del mundo
                              (todavía es el mismo.
Donde estará mi lámpara que a tantos
                              (alumbró el camino?
Se la llevaron las ratas?
La busco y no la encuentro.
Muy piano por el sendero
Con su cri –cri me acompañan los grillos,

No sé si estoy confuso o me habré perdido.
No encuentro mi casa
Ni tampoco mis hermanos ni mis amigos.
No existen los cielos de vanos dioses,
Ni tártaros con demonios de rojo encendido.
Una tormenta de invierno y de nieve,
Desde lejos cuando mi mundo era chico,
                              (ahora a mí ha venido,
Me arremolina el pecho y se cuelga de mis sienes,
Me muestra desde el olvido mi recorrido,
Y una película pasa muy veloz ante mis ojos,
Veo fantasmas de episodios ganados y perdidos,
Veo a Shakespeare, Sófocles y Esquilo,
Que ya poco importan
Porque los porto en mi sangre
                              (como remedios escondidos.
Un acicate de victorioso me clavo
                              (dentro de mí mismo,
Salto de mi cama pensando,
Que no puedo ser cadáver,
Cuando afuera el mundo está vivo.

Despierto también se sueña

Dormido me soñé contigo,
Pero despierto te sueño todo el tiempo,
Siento tu cuerpo abrazarme,
Y en la noche las galaxias gemelas húmedas

                               (de tus ojos

Contemplan mi soledad
Sobre esta playa donde yago.
Sueño despierto que me aferro a tu cintura amándote
Como las raíces de una ceiba abrazan la tierra,
Y dejo que el susurro del viento de tu voz
Cante la melodía que me viene de allende el mar,
De tierras de valles y montañas.
Sueño despierto persiguiendo tu sombra
A la cual persigo para tocarla como toco tu cuerpo.
Sueño con tu risa que se funde como manantial
sonoro con la fuente de la mía.
Soñando con mis ojos abiertos
Viajo en busca de la presencia tuya;
De la vida que nos acerca más y más cada día.
No te detengas;
Prosigue que ya he dado el vuelo,
Mientras yo sigo despierto
Soñando con mis ojos abiertos,
Que a ti he llegado.

Destartalada y sin destino

Bajo el dombo de mi carcaza cefalea,
Donde se arremolina mi cacumen,
Esta la cárcel donde te encuentras presa;
Donde un día sin querer,
Después que huiste
De esa escalera de letras sumadas,
Significativas y adjetivadas;
Entraste como ladrona trayendo la lamparita,
Para alumbrar los socavones de mi conocimiento.
Ahí permaneces sin que los nubarrones
Del olvido se atrevan a cubrirte;
Y es que ese des-tar-ta-lan
Me vuelve tambor cuando te nombro,
Me retumbas, me atruenas, me estallas,
Rezongas tu aprehensión y luego te callas.

Se dice de ti:
Que te desbaratas,
O quizás eres más lo que tiemblas,
Estas telúrica por siempre,
Y por siempre haces temblar mi lengua.

Todos te conjugan,
Los niños dañinos, o los hombres de mala hierba;
Sin remedio alguno

Cuando se pierde el brillo,
Las cosas dejan de ser eternas.
Por eso ahora nadie te quiere, ya eres vieja,
Como compañera de objetos no vales nada;
Quizás un comprador de antigüedades
Muy poco de afecto por ti ofrezca;
O alguien que a su paso se diga cuando te vea:
¡Qué pena, que linda eras!,
¡Qué descuido tan grande!,
¡Qué noche de abandono te rodea!

Flácida, destartalada, ajada y sin belleza.
También tú has quedado sin gloria
Y sin caballero andante mal amada Dulcinea.

Entre tu red

Flota tu onda por los aires,
Sin que te vea entras en mí,
Silenciosa araña que tejes caminos
Hacia una estrecha amistad,
O cuando distraes, condenas a la profunda soledad,

Los adustos con recelo te miran,
Jóvenes y viejos de ti son posesos,
Y largas horas contigo se gastan,
Somos libres o también presos.

Eres amor y dolor,
Fría como la polar nevada,
Y ardiente como el infierno y su fuego.

Muchas manos sobre ti se posan,
Algunas te hacen delictuosa,
La policía te esculca,
Contra-inteligencia te destroza.
Sabes de Ciencia,
Sabes de Arte,
Tienes lengua, y a veces muda,
Dominas idiomas, corriges puntos, agregas comas,
Recitas frases, declamas versos
                    (y todos los poemas de Neruda.

Me muestras naves, me enseñas coches,
Y todos los astros que brillan en el cielo y su noche.

Descubres sitios donde se venden pasiones,
Donde visten santos,
Quienes traman traiciones,
Los que pasan sin laureles siendo escoria,
Y de los valientes que hacen revoluciones.

Sin que lo sepas eres alcahueta
De amantes secretos, infieles y espías,
Te seducen los hacker
Que roban jeroglíficos códigos;
Con dudas en este sentido poco se confía.

De tu lengua sibilina
Se desprenden chismes,
Se aprenden juegos, se hacen bromas,
Unos cuelgan, otros bajan,
Y hasta aquí lo que de ti conozco,
Nombrar palabras sería mentira;
Es solo mi ignorancia,
No es que otras cosas en ti no existan.

No sé si fui curioso,
O si fui incauto,
A unos mi tiempo parece ocioso,

Para otros no lo soy tanto.

Esto ahora es inevitable,
Aunque en principio a tus coqueteos me negué,
Tu manta informática me ha envuelto,
Eres araña, eres Inter- Net,
Finalmente he caído en tu red.

Mi cuarto me reverbera

Aquí yo; frente a este artificio de teclas
que saltarían por los aires si se me viniera en gana.
O junto a este manojo de matitas florecidas
                    (en pétalos de carbón, en el
    contenedor de mis plumas y bolígrafos;
                    (que duermen en reposo mientras
    mi mente reverbera efervescentemente
                    (tonterías o trascendentalidades.
Donde juego al sabio o al ignorante.
Donde escribo palabras de vida, de amor,
                    (dolor y muertes en vida;
O muertes de muertes de vida.
Donde pasa ese tiempo sin sentir,
ese ladrón que porta en su saco invisible mis años
y los de los demás ya idos.
Aquí donde rebujo mentiras de historia,
y vivencias de verdades.
Aquí en este círculo que fue fabricado cuadrado;
que me libera, que me constriñe,
que me alegra o llorar me hace.
Este sitio donde me sensibilizo para bien,
o que pueden pensar que para mal;

donde muchas veces veo la maldad
o la bondad del mundo sin verlas y sin ir más allá.

En este rincón de paredes rojas hechas
                    (con gotas de sangre y verdes
 salpicadas con briznas de esperanza,
que contiene sobre mí un cielo pleno
                    (de nubes extranjeras,
de donde cuelgan como lámparas
los bostezos y mis suspiros nocturnos.
Aquí entre latas retorcidas de oxidadas esculturas,
y olores de trementina y aceites de linaza,
o fascias invariables de cerámica que cantan,
quizás lloran, asustan o tal vez ríen.
Aquí donde la música refulge o se colapsa
con mis estados de ánimo.
Donde mis libros son mudos entre ellos;
pero parlantes para mí si soy hoy deseo.
Aquí donde me divierto navegando
                    (entre lagos de frases,
y me riego a darles un temporal de tinta,
para ser empastados con letras de imprenta
                    (de una editorial más.
Donde quiero en tanto y en tanto en otras
                    (a poeta me niego y le digo:
Vuelve a tu caja que hoy no te quiero.

Florece de nuevo ahí con tus matitas
                    (y plumas amigas,
que mañana seguramente te cerceno,
para que frondosa renazcas entre mis dedos.

Si. Aquí yo; rodeado de dos guitarras mudas,
silenciadas de desprecio y sin aliento,
duermen sin reventar su corazón ni sonoras
                    (sus cuerdas hacen vibrar su cuerpo.
También ahí sin voltear las paginas,
las notas de mis partituras amenazan un escondite
                    (con el polvo del mundo ya cubiertas.
Donde el vino se añeja gritando su sabor;
y dolido de no ser agradecido en la boca prohibida.
Un lecho donde no duermo;
Duerme mi desvelo sin reloj.
Aquí sintiendo en mi cabeza un reverberar
de siiiiiis y nooooos.
Esa reverberación que súbitamente
                              (como bomba estalla,
y sus ondas se difusan por
              (mi circundante espacio que me impregna.
Esa supernova brillante que me intelecta,
                    (que me contagia, que me inspira;
la cual llena todo, mi razón y me sentir.

Si. Ahí, ahí nazco, permanezco y muero yo sin morir.

No se puede callar. ¡No!

Se fugan las olas
Y tras los minutos las horas,
Y post mi vida y mi alma
Consumiéndose como pavesas
En el eco infernal que agobia y aplasta.

Sentirse el nacer, el vivir, aún el morir exprimido,
Oír el llorar, pedir, protestar a los eternos aguantas;
Cómo callar si no se puede callar!
Cuidar las explosiones?
¡No! La gente ya empezó a gritar ¡basta!
¿Salvar nuestra piel?
La gente ya se amotina.
¿Velar por nuestros viejos?
Si de sus quebrados labios se arranca
                            (rasgado como la seda,
Su protesta al anciano engaño.
 Ayer fue allá,
Hoy se convulsiono allí,
Mañana nacerá aquí, ahí y allá,
Sucumbirá por fin, pero dejará su huella de sangre,
Sus víctimas tragarán sin querer las balas grises,
Aprenderán a inhalar los diabólicos gases;
Y sus manos como amigas entrelazadas
Cantarán las notas finales del basta infelices.

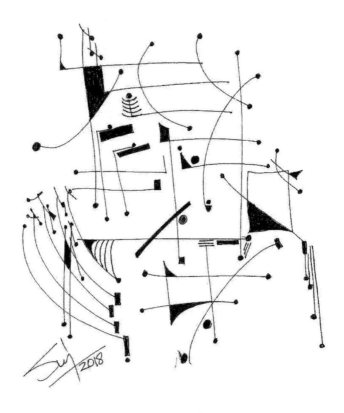

SONIA QUINTERO

Mi amor por la poesía se remonta a mis años de adolescente cuando conecté con ese mundo mágico donde todo era posible. La poesía, para mi, es una forma hermosa de reinventarme cada día

La magia de crear necesita de ese niño rebelde, que se niega a aceptar el mundo como es, porque lo sueña

*diferente y mejor, pero también necesita la disciplina
de querer plasmarlo y llevarlo, a través de las palabras,
hacia el inconsciente colectivo de la sociedad. Gracias a
las musas que me han ayudado a despertar y gracias a
la fuerza creativa de la lujuria que me ha permitido
plasmar!*

*Espero gustarles y no-gustarles, porque ambos
significan un impacto, ambos implican un proceso de
conexión a veces amoroso a veces brutal, ambos llevan
dentro de sí un proceso de despertar y esa es la razón
de ser del artista, que para bien o para mal no somos
los mismos después del impacto y después con
la poesía nos encontremos.*

No 1

No temas
los fantasmas se quedan en los lugares que conocen,
no temas,
si caminas rápido, si corres un poco
ya verás cómo temerosos ellos no te siguen.

Se quedan enredados
entre las puertas que se cierran,
atrapados en las ventanas.
No vuelan con la brisa, ni se enredan
                                          (entre los árboles.

Solo ten cuidado al empacar tus cosas,
a veces se esconden entre los libros viejos,
a veces entre tu equipaje, en medio de cartas sin leer
y cuando en un lugar nuevo
                                          (desempolvas los recuerdos,
ellos despiertan y se llevan tu sueño.

Empaca pronto, cierra bien tu equipaje
hazlo liviano.
Y corre, corre donde los fantasmas no te encuentren.

No 2

Entre el rojo y el azul
el oscuro silencio existe.
Nos separa la ignorancia
y solo nos acerca el poeta triste,
el del grito ahogado en sangre.

Entre el rojo y el azul
la tormenta nos desnuda,
nos desahucia, nos perturba.
Nos separa la indiferencia.

Nos acerca tu palabra,
tu mirada perdida entre tu rima
esos versos que otros queman
los que renacen de las cenizas
cuando regresas a tu última morada.

No mueras poeta
que entre el rojo y azul
solo nos quedaría el dolor.

No 3

Entre santas y brujas
entre espinas y rosas
se muere la anciana y crece la niña
corramos rápido lejos de nuevas cadenas.
No nos llama ningún canto de sirena
solo el grito de algún hombre abandonado.

La cortina de humo es nueva
pero es el mismo fuego que perdura.
Gritos desde las cavernas
martillos y picas para romper ataduras.

Celebro y beso a la que despierta,
de ojos muy abiertos y piernas muy ligeras,
dueña de su peso y su desierto,
dueña de su vientre y su deseo.

Ella sola dibuja una línea y destroza una estrofa
la que llamaron loca se levanta en esta hora
para caminar desnuda desde mi alma hasta la tuya.

No 4

Tengo un minuto para morir, perderme.
Un segundo intenso, tenebroso.
Tengo centésimas
milésimas para recordar y partir.

Apenas me queda tiempo
un tiempo corto guardado en mis cajones
apenas me queda sueño,
a veces solo una pesadilla rondando mi almohada.
Tengo un miedo que se guarda en mis bolsillos.

Tengo un instante, el parpadeo de tus ojos
tu mirada rasgada
tu palabra ahogada en tu garganta
tenemos solo un momento para decir: lo siento
y el segundo pasa, el instante se aleja
la garganta sigue aprisionada.

Tengo un momento
sentada bebiendo un café,
sin tu mirada
tengo este momento
para decirte que
de verdad lo siento.

No 5
-original en Inglés-

Yo vuelo alto para alcanzar el sol
extiendo mis alas
para tocar tu mirada.

Vuelo como un águila
que cruza el monte de mi tierra.

Vuelo libre de la vergüenza y del odio
para volver a tu corazón
sediento de consuelo.

No 6

Me concentro en un punto sin retorno
un agujero oscuro
donde se pierden los sueños y los gemidos.
Me concentro en un punto infinito
donde duermen los que fuimos
y desaparecen los hijos.

Me concentro tanto
que me equivoco y pierdo el paso
regreso a tus brazos
hambrienta de olvido
vencida por el sueño.

No 7

Salto presuroso. Como un energúmeno salto.
Asalto con prisa y sin descanso
el asfalto desnudo.

Un nudo en el pecho me recuerda
lo que he hecho.
Y grito con llanto tu nombre en el metro.

Me roza la sonrisa, una lágrima ligera y tibia,
recuerdo que soy un loco
que navega entre la rabia y el desencanto.

De la alegría ya no tengo recuerdos
y es el deseo lo que me mata por dentro.

No 8

Para no morir ahogada entre ramas y esclavos,
para no enterrar a los que todavía no nacen,
ni olvidar a los que llegan sedientos de mis palabras.

Para no perderme de los amaneceres,
de las cosas simples que se lleva el alba,
ni de la lluvia ni de tus lágrimas,
Para no perderme de todo lo que se pierden.

Para engañar la soledad que se esconde
                              (en mis noches,
para disfrazar mis deseos dormidos entre tus sueños.
Escribo para que no me olvides
Para recordar que existes
Aunque te lleve el viento
                              (en mis tardes largas de domingo.

No 9

Ayer enterré una mariposa
recién salía al mundo
desplegaba alas de mil colores.
Intenté atrapar su vuelo
parecía gozar con el encierro.

Yo pensé que reía
pero era una lágrima lo que mojaba mi pecho
Se fue secando despacio,
se ahogaba en silencios.

¿No cantan las mariposas?
Yo pensé que lo diría, que gritaría si le dolía.
Llegué despacio a levantarla
Era temprano en la mañana
Su brillante azul era oscuro
Sus alas dormían cansadas

Ayer enterré la mariposa
Yo pensé que bailaba
pero era su sombra mi única prisionera.

No 10

Despertarme en un lugar que no conozco
una parte de mi perteneció a este mundo.

Ser un extraño en los lugares donde crecí
ser una rueda suelta en la vida de los que me amaron

Regresar,
emocionarme creyendo que los reconozco
que todo empieza donde lo dejamos
suspendido en el tiempo...

Darte cuenta que lo suspendido en el tiempo
se desvaneció con el viento.
sigue la vida,
para mí lejos de aquí
para ellos lejos de mí.

101

AMINAH ZAMORA PERALTA

Nicaragüense, de Ocotal Nueva Segovia

Escritos en las estrellas

De niña en medio de las guerras aprendí a refugiarme en las letras, a echarle rienda suelta al lápiz, a escuchar las historias de los seres que nadie más podía ver, esos que aún me acompañan.
No somos seres humanos en una experiencia espiritual, somos seres espirituales en una experiencia humana. A través de mi poesía puedo ser yo misma, puedo ser alguien más, puedo ser una voz de protesta, puedo experimentar la riqueza del alfabeto.

Estoy convencida que todos somos poetas.

Estos poemas son inspirados en diferentes aprendizajes a través de mi vida, dedicados a mis fuentes de inspiración Jack, Sophie y Zephryn.

Soy Nica

Tortilla, Güirila, Elote, Chayote, Yoltamal
sabores paradisíacos de mi país natal.

Cosa de horno, Perrereque, Rosquillas, Viejitas
olores que despiertan los sentidos, exquisitas.

Caballo Bayo, Indio Viejo, Vigorón, Quesillos
te chupas los dedos comiendo todos estos platillos.

Orejas de perro, Gofios, Churros, Cajetas
no hay manera de evitarlos, ¡a la verga las dietas!

Pinol, Pinolillo, Tibio, Pozol, Tiste
si tomas uno de ellos nunca más estarás triste

Linaza, Chía, Grama y la Chicha
te refrescan la panza, te morís de la dicha

Rondón, Caracoles, Mariscos, Cangrejos
de mi Costa querida lo recomiendan los viejos.

Paty, Panes de Coco y Pan Bon
mis ancestros de Africa trajeron y con mucha razón.

Trocantes, Tres Leches, Buñuelos, Coyolito
comete unos cuantos y te veras más bonito

Sopa Borracha, Nacatamales, Albóndigas, Gallo Pinto
gastronomía de Nicaragua a probarlos ¡te insto!

Oscuridad

Tiemblo en esta oscuridad llena de espanto,
¡es terrible y fría pero está lejos de tanto!
En esta esquina sentada sin mucho ruido
                              (se retuerce mi alma
demonios me persiguen y ahuyentan mis sueños
los mismos que por años he batallado con paciencia,
son los mismos que has disipado
                              (mi paladar y mi conciencia
y se han posesionado de mis entrañas
                              (con incontinencia.
Atrapada en el recuerdo soy un alma en pena,
que apenas mira a lo lejos una gran condena.
Con yugo carnal este cuerpo se vacía,
respirar no recuerdo en la confusión y algarabía
pues sólo existo, los cuatro vientos
                              (soplan en barlovento
hasta darme escalofríos con su movimiento.

¡Oh si pudiese agarrarte de los cuernos
                              (con estas manos frías!
y destrozarte en mil pedazos,
castigarte y hacerte desvanecer ante mis ojos.
Que ante este dolor inmenso, esta melancolía,
el espacio y tanta tristeza no es maravilla.
Te llevaste lo mío dejando cicatrices

en aquella tarde que dormitaba profunda,
y de mis pies descalzos hiciste burla contunda
¡cobarde! Tu maldición disturba

La hora está cerca, la calle es estrecha
y los cardos abundan a izquierda y derecha
las nubes son grises en el firmamento
y hasta un ángel te observa con feroz descontento
destriparte quisiera dragón maldito
que no te llevaré conmigo ahora al infinito
mente podrida que das desaliento
pero allá en las alturas enfrentarás tu argumento
¡vete ya! Aquí ya no hay espacio alguno
que la ira de Dios te encontrará inoportuno
y con luces fugaces te irás al abismo donde habitas
por siempre bestia maldita
y final ya tendrás de las calles que transitas
porque el que es justo la paz en estimo encuentra.
En la esquina fría oscura y descontenta
el silencio es seguro
y continuar al futuro.

Yo, Enoc

Y a lo lejos veo a mi papa
Y a lo lejos veo a mi mama
Desde la cima grande montañosa
Que corto al respirar subí, tan ostentosa!
Y desde aquí en este espíritu tan calmo
Puedo divisar el azul del cielo, la ciudad,
                    (escucho mi favorito salmo

Y a lo lejos diviso el gran barrio
Y a lo lejos veo los campesinos bajar
Sus burritos cargados con leña al azar
Se escucha la algarabía
Esa de la muchacha que vende las tortillas
El chavalo que los zapatos va a lustrar

Las campanas de la iglesia dan la hora
Con gran placer cuento uno, dos, tres, cuatro
Los sonidos de mi pueblo que a veces llora
Haciendo eco en cada guitarra fina
Dando una melodía, un sonido,
                    (música en cada esquina
Uno de esos que el inmigrante añora

Quién hubiese dicho se acercaba la hora
Es que poco faltaba para subir al anfiteatro
Las palabras de mi alma cantar con mi voz

Pero siempre todo llega perfecto
                              (con la mano guiadora
Pasos apresurados, llegó el momento
                              (de dejar este mundo feroz
Y al seno divino, el gran altar
                              (de color blanco luminoso, el de Dios

Ya no lloren por mí criaturas tristes del amanecer
Porque del omnipotente es la palabra que sobrepasa
Los planes del ser humano, lo que no hemos
                              (de comprender
Que tranquilo, trascendente y completo
                              (me siento en esta eterna casa
Esperando por el momento a reunirnos
                              (en un bello atardecer
Y reiremos todos juntos disfrutando
                              (tan profunda paz por doquier

Y a lo lejos veo la luz
Esa que brilla intensamente a cada paso
Que me guía al altar seguro donde ya debo
                              (entregar mi cruz
Un arroyo de remanso, un aire aromático y fresco
                              (me espera, tan perfecto ocaso
Sonrientes, pacientes, llenos de fe y resignación,
                              (inmersos en trasluz
Y a lo lejos veo a mi papa
Y a lo lejos veo a mi mama

Gente del corazón

Hay quienes pasan una vez y su huella queda impregnada en el espacio, el viento, el calor del sol, en la humedad del rocío
a cada paso van dejando la fragancia de un espíritu tranquilo que ha aprendido del desasosiego y la maraña que pudre a los seres

Traen consigo una mochila de realidad mezclada con ilusiones y en el tiempo propicio van sacando uno por uno los ingredientes y utensilios necesarios para crear el momento perfecto
han ido y venido una y otra vez, han recorrido montes, ciudades, pueblos, caminos empolvados, desolación canto y melancolía

Corazón tierno con una mente ancestral, ojos de mirada profunda y una sonrisa que apacigua hasta el más profundo dolor
tu voz es caricia para los oídos receptivos, medicina para el alma tus consejos, voz que prevalece a través de los años, llama encendida en las noches más oscuras
compañero viajero en cada camino

Perder

Vestida de luz he quedado en espera
ansiosa yo estaba por verte venir
sentada en la playa, si aún tú volvieras
te has ido, no vuelves !te quiero sentir!
perdida, confusa, sin aliento me toca vivir

Mi alma ha perdido el oír de tus versos
es muy fría esta cárcel de mis penas
al perderte a ti, he perdido mi universo
circula el silencio y marca condena
que encierra mi paz y a mi ser envenena

Reencuentro

Quiero encontrarte más allá de los límites
                              (de mi memoria,
más lejos de donde termina el arco iris,
más cerca cada vez que siento tus manos cálidas.
Hoy he despertado de mi sueño y te veo palpable.
Después de haber dejado nuestro mundo
                              (millones de años atrás,
nuestro trayecto ha empezado,
nos hemos reunido en eternidad.

Espera

El trascender de mis pasos que libres
                    (andan el camino de retorno
son iluminados de día por la luz del sol
                    (y en la noche por el encanto de la luna
lo desconocido y lo inevitable se juntan
dando espacio al contentamiento infinito
                    (donde reposa mi alma

Te busco en cada esquina de esta ciudad fría
en el aire congelado que me ahoga
en el mar gris, revoltoso y salado
en la colección de mis recuerdos

Ya no sé si existo o vos dejaste de existir
solo sé que la puerta no abre desde afuera
y yo estoy dentro, esperando
nada ocurre y el día se convierte en tinieblas

Yo no creo en el alma en pena después de la muerte
ni en el paraíso que nos espera
ni las llamas que nos consumen por ser malos
o sos mi eterno cielo o sos mi castigo

Regresa a tu nido
continuemos edificando nuestro paraíso
tu tórtola esta aquí esperando
con ternura, perdón y los brazos abiertos

Perdón

Que la vida es corta para andar de boca en boca,
que la vida es corta para pensarlo mucho,
que la vida es corta para arrastrar el pasado,
y es más fácil perdonar y no amargar la vida

Que si nos vemos desde arriba desde Circinus
y analizamos nuestra pequeñez,
si vemos el tiempo que fugaz se nos escapa,
y el inmenso espacio que desconocemos,
es más fácil perdonar y no amargar la vida

Que en esta dimensión nos encontramos
                              (con lobos feroces
que denigran los seres con su envidia y astucia,
que corroen su alma con su propia malicia
y nos pulen la vida con tal cual sufrimiento,
es mas fácil perdonar y no amargar la vida

Que si hoy yo me marcho al camino sin retorno
y dejándolo todo, ya se esfuma mi alma,
sin arrepentimientos ni culpa he vivido
todo queda, todo gira, todo sigue marchando
con sonrisa en mis labios,
y es mas fácil perdonar y no amargar la vida

Te libero

Yo no tengo la culpa que tu amor te enmudezca
que sea yo quien ahora deba callar
                              (y tragar esta agonía
¿cómo puede el alma expresarse si está aprisionada
por el querer que te hizo carecer
y quien te ha robado la magia de tu expresión?

No sé cuanto tiempo podré vivir callando
lo único que sé es que adentro
                           (hay tantas fuerzas para hablar
tremendo es el nudo que en mi garganta
                                  (crece cada día
sin poder desatar estas ansias de gritar
                                 (a los cuatro vientos
que lo que siento por ti no es común y que indiferente
es para el mundo que se sepa

A lo mejor en el destello de la noche
                        (que brilla lejano en el futuro
entre ocaso de sol y luna puedan mis oídos escuchar
las palabras con las que feliz dejaría
                                (este mundo insensato
yo te amo más, sin embargo se opaca mi querer
                          (porque tú no puedes amarme
es un veneno que mata lentamente, que ahoga,

(se me termina el aire, me pierdo
en un respiro, en mis palabras enmudecidas
(ya no puedo vivir

Anda libre como el viento a los cuatro
(y más puntos de la tierra
aunque volar contigo quisiera no encuentro
(la manera de acrecentar el sentimiento
¿Qué tan difícil es querer? Como si insensato
(fuese este sentimiento que crece y crece
niego tenga que desvanecer
yo te amo con locura, con verdad eres
(el mayor tesoro en mis adentros
Dios me ayude a sacarte de mí para no sufrir más

Zephryn

Y en el umbral de la noche
cuando únicamente brilla el destello de tus ojos
es cuando nuestras almas se encuentran
y entrelazadas en éxtasis profundo
reflejan la luz de nuestros mundos.

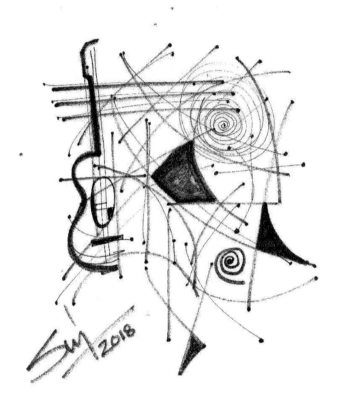

PALMACERA SUÁREZZ

Mi nombre es Palmacera Suárezz

Nací en tierra fértil de América del Sur, en un país llamado Colombia en una ciudad llamada Armenia Quindio en abril de 1958.

Soy analfabeta de profesión, graduado en la universidad de la calle.

Escribo para no morirme solo. Y la poesía es el testamento de mis emociones, rayar el viento y dejar las palabras sin sonido. Perplejas, atadas al silencio de la memoria. Cada poema que escribo, lo doblo y lo meto en el buzón del viento, para que sea libre la palabra. Y cualquiera pueda cobrar los derechos de autor.

Poemas de viento

Descifrar

Acero retorcido entre palabras.
Tiempo mudo,
 equipaje lleno de piedras.
Nómada entre los días,
prisionero del tiempo que se agota
                              (en el reloj de arena,
estatua de viento que se refleja en la tiniebla.
Vacío está el silencio.
Un arrecife se derrite lentamente en el abismo.
Aún así, no alcanzo a descifrar
el rastro que se desvanece en mi memoria.

Palabras

Palabras que se liberan.
Caen como piedras,
salen volando como mariposas.
A conquistar el viento.
Busco atraparlas de nuevo,
devolverlas al silencio.
Esquivas se zafan, se deslizan entre los árboles,
se juntan con las hojas, se mezclan con el agua,
se derriten con el sol; están allí sonando.
Cada palabra que sale de mis labios,
será una mariposa trasparente entre la bruma,
que jamás volverá de nuevo
                    (a descansar sobre mi boca.

Guayacán

De pie, sin hojas, firme entre los árboles;
moría lentamente el guayacán del parque.
Entre los dos fuimos testigos de una vida pasajera,
entre cada tallo y hojas se tejieron tiempos
                                        (de frío y sol.
Nos aferramos a la tierra, donde caeremos tendidos
tu y yo guayacán
de los recuerdos.

Libélula

Bailarina del bosque, florecida en el viento,
cabalgas en los reflejos que deja el sol,
cuando se desploma sobre el horizonte.
Allí vuelas tímida, cautelosa mirándote en el agua,
subes, bajas, danzas alrededor.
Creyendo estar sola te desnudas sobre los espejos.
Y es allí donde ves tu cuerpo de libélula.
Danzarina vestida de arcoíris que vuela,
entre los espejos escondidos en el agua.

Obtuso

Dejarte sola a la espera de mi regreso,
me llenaba de nostalgia.
Toneladas de hierro en mi equipaje,
hacían un regreso ansioso y presuroso.
En ese recorrido, tú implorabas
                              (que aumentara la ausencia.
Y de pronto no volviera.

Trama

Trama más trama son dos tramas
por qué no inventas más tramas,
hasta que se acabe toda la trama.
Y ya sin tramas,
celebremos la verdad desnuda:
En tu memoria hay un conquistador que te colonizó
en mi ausencia.

Desencanto

Amanece, miro por la ventana hacia lo lejos.
En la orilla del río, pedazos de besos derretidos.
Desencuentros, llenos de lágrimas sobre la arena.
Gaviotas volando con alas de mármol,
que se precipitan al abismo.
Un pez agonizando sobre la orilla del río,
atravesado accidentalmente por la espada de cupido.
Un perro abandonado sobre los rieles del ferrocarril,
en silla de ruedas.
Y allá al otro lado del río, un árbol obeso, sin hojas,
Temblando. Es atendido de emergencia
por un psicólogo forestal con maestría.

Un Navío

En este viaje, del amor que te dejé no queda nada.
Tierra árida, seca, vendavales y presagios del fastidio.
Viajo, lleno de desencanto, desprecio y desventura.
Navego entre las aguas, pavorosas del asombro.
Me llevo la tempestad, para dejarte
                              (en tierra fértil
airosa,
llena de júbilo, con un pasaporte
                              (de viaje hacia el olvido.

Viajero perpetuo

Errante en mi infancia,
viajero intermitente entre las sombras,
vivía con todos y con nadie al mismo tiempo,
llegaba con el sol y salía con la luna muchas veces,
esa dualidad de nómada me convertía
                    (en un eterno huésped transitorio,
aventurero de silencios nocturnos.
Libélulas, grillos y mariposa, conspiran
                              (con las luciérnagas,
para iluminar el camino de los sueños.
De encuentros y desencuentros era mi equipaje,
juntos eternos compañeros errantes
                         (de las constelaciones.
Viajeros del anochecer y del alba.
Solitarios entre la luna y el sol.
Como una estrella fugaz, aparecía
                         (un viaje intempestivo,
En esa huida se quedaban los afectos
                         (y las promesas vividas.
Vuelven las mariposas y las libélulas a mi memoria.
Que la nostalgia y el abandono no les corte las alas,
yo seguiré siendo un viajero perpetuo
                         (entre las sombras.

Mi carro rojo

Cuando niño caminaba entre la hierba,
con mi amigo imaginario.
Juntos en forma sorpresiva,
encontramos un carro rojo escondido,
detrás de las piedras del camino.
Lo recogimos cautelosamente y rápidamente,
lo guardamos dentro del maletín,
donde llevamos los libros de la escuela.
Todos los días y en las noches,
paseábamos, jugábamos
      (con aquel carro rojo imaginario.
Un día, resolví salir solo con el carro rojo
       (de madera imaginario,
sin la compañía de mi amigo imaginario,
al caminar por las calles, nadie me miraba,
las chicas ignoraban mi presencia,
orgulloso de tener mi carro rojo imaginario.
Regresé a casa y por esa razón decidí pintar
         (mi carro rojo,
de un color azul marino trasparente.
Al otro día, salí nuevamente a recorrer las calles.
Y montones de hermosas niñas imaginarias,
Deseaban pasear conmigo por la vía láctea,
rumbo a las constelaciones.
Años después, vi mi carro rojo de madera imaginario,

perdido entre los anaqueles

                  (del baúl de los recuerdos,

que aún están en mi memoria.

Imagino ahora, como sería viajar por las calles

                    (con aquel carro rojo,

pintado de color marino trasparente,

por ese infinito mundo de los sueños,

con mi amigo imaginario.

Redención

Ciudades colosales, inmensas montañas
                              (de adoquines,
 hierro y acero.
Un sol metálico rojo asoma en un filo
                     (de una cornisa que se esconde,
entre laberintos geométricos.
Majestuosa arquitectura,
es allí, donde confabulan lobos,
hienas y cocodrilos.
El destino de los seres vivos,
tanto la flora, fauna,
toda la naturaleza y la humanidad,
tienen los días contados,
por los gendarmes del capital,
disfrazados de ovejas blancas,
maquillados por la más media.
Alegoría a la contaminación de ríos
                         (con mercurio, plomo y petróleo,
aniquilamiento de especies nativas y seres humanos.
Por el bien de la economía global.
Cada uno de nosotros es una mercancía.
Y con plegarias religiosas justifican la infamia como
una homilía que marcó el destino
                         (inaplazable de la humanidad entera.
Mientras los lobos, hienas y cocodrilos

(disfrazados de ovejas,
disfrutan de la vida terrenal en minoría.
La mayoría de la humanidad, con la religión,
esperan la muerte con ansiedad, como una redención,
para salvarse de este infierno e irse
(a disfrutar la vida eterna.
El mundo occidental nos dejó la vida eterna
(para descansar.
Y nuestros ancestros invocaron la luna el sol,
y las estrellas, para disfrutar la vida
(en este viaje al infinito,
cuidando, amando los seres vivos, y la madre tierra.
Que la estratagema no sea perpetua,
recuperemos los ríos, la fauna y el amor a la vida,
quebrantemos los designios de seguir muriendo,
por un destino trágico,
construido por la infamia
de los mercaderes de la muerte,
que nos vendieron la eternidad feliz
(después de la muerte.
Y cargar el miedo a las espaldas,
mientras vivimos esta vida
pasajera

Los autores

Sol Baez: smbaez@hotmail.com
Patricia Cardona: patricia.m.cardona@gmail.com
Claudia Lozano González: Cglez80@yahoo.com
Jorge Paesano: jorge1carpenter@hotmail.com
Sonia Quintero: sonesquin@hotmail.com
Aminah Zamora: aminah.zamora@me.com
Alvaro Suárez: asuarezz@hotmail.com

Los ilustradores

LEO RODRIGUEZ
Autor de la obra en la portada del libro
leovisualartist@gmail.com

Leo Rodríguez nació en Bogotá Colombia y actualmente con sede en Londres.

Comenzó en el mundo del Arte como maquillador y estilista del cabello enfocándose en la colorimetría del cabello, internacionalmente, trabajando desde Colombia y diferentes países europeos.

Sus inquietudes artísticas también abordan la fotografía y la pintura siendo esta ultima su nueva pasión, la cual le dio la oportunidad a una de sus pinturas de ser la portada de este libro.

Enamorado de Londres decidió convertirse en un artista de la pintura. Estudió en Morley College of Arts y en Westminster Kings Way College London.

En sus propias palabras:
"Veo mis gustos versátiles, me gusta experimentar con diferentes técnicas y estilos desde lo abstracto hasta lo figurativo siempre con colores vibrantes".

ALVARO SUAREZ
Autor de las ilustraciones internas
asuarezz@hotmail.com

Se asume como ciudadano del mundo, inmigrante de América del Sur, de un país llamado Colombia, de una provincia llamada Armenia famosa por la producción de café. Allí nació entre el color verde de las montañas respirando el aroma de la hierba; un espectador perpetuo de los colores difuminados de amarillos y ocres que caen en la tarde cuando el sol se oculta en el ocaso. Los lápices fueron sus eternos compañeros y el dibujo su forma de comunicación visual como herramienta de expresión.

Piensa que el artista debe ser un sujeto de la cotidianidad, esa realidad que lo involucra en ese contexto, su obra es un reflejo de esa realidad concreta que lo nutre lo envuelve y lo deja como protagonista de esta historia que vive.

Fue un autodidacta hasta el 2001 en que se vinculó a la academia; en esa vinculación tardía hay un reencuentro de lo empírico técnico y lo teórico, que hace fortalecer el concepto y el desarrollo de la propia propuesta pictórica.

INDICE

26844726R00081

Printed in Poland
by Amazon Fulfillment
Poland Sp. z o.o., Wrocław